BEI GRIN MACHT SICH IHR WISSEN BEZAHLT

AF144793

- Wir veröffentlichen Ihre Hausarbeit,
  Bachelor- und Masterarbeit

- Ihr eigenes eBook und Buch -
  weltweit in allen wichtigen Shops

- Verdienen Sie an jedem Verkauf

Jetzt bei www.GRIN.com hochladen
und kostenlos publizieren

Roland Scheller

Computeranimation und -simulation

GRIN Verlag

Bibliografische Information der Deutschen Nationalbibliothek:

Die Deutsche Bibliothek verzeichnet diese Publikation in der Deutschen National-
bibliografie; detaillierte bibliografische Daten sind im Internet über http://dnb.d-
nb.de/ abrufbar.

Impressum:

Copyright © 1996 GRIN Verlag GmbH
Druck und Bindung: Books on Demand GmbH, Norderstedt Germany
ISBN: 978-3-656-70695-3

Dieses Buch bei GRIN:

http://www.grin.com/de/e-book/277759/computeranimation-und-simulation

SE : VIDEOTECHNIK II

COMPUTER-ANIMATION UND -SIMULATION

ROLAND SCHELLER

WS' 95/96

INHALTSVERZEICHNIS :

1. EINLEITUNG

Aus dem Zusammenwirken moderner Videotechnologie und Computertechnologie ergibt sich ein Betätigungsfeld, dass als Computer-Animation und Computer-Simulation bezeichnet wird. Die konventionelle Aufzeichnungs-, Speicherungs- und Wiedergabetechnik wird hierbei um ein System erweitert, nämlich um die Möglichkeiten, die die moderne Computertechnologie bietet: das Digitalisieren von Videoaufnahmen, die direkte digitale Abspeicherung der Kameraaufnahmen, die digitale Weiterverarbeitung dieser Produkte. Dieses Betätigungsfeld soll im Folgenden fast ausschließlich von technischer Seite her beleuchtet werden:

Da ist zum einen der computer-unterstützte Zeichentrickfilm mit seiner Entwicklung vom konventionellen Zeichentrickfilm bis hin zum computergenerierten Zeichentrick, auf der anderen Seite gibt es die Computer Animation mit all ihren Finessen, wie sie zum Teil zu Forschungszwecken an Universitäten als detailgenaue Simulation verwendet wird.

Um die hochkomplizierten Vorgänge, die bei den einzelnen Funktionen der 3D-Animation stattfinden, besser verständlich machen zu können, ist zunächst ein Exkurs in die Trickfilmtechnik von Nöten. Sie bildet die eigentliche Grundlage als Vorläufer für die künstliche Sichtbarmachung von Bewegungsabläufen.

Bei einer wissenschaftlichen Betrachtung von 3D-Animation muss man unbedingt auch den Trickfilm erwähnen, denn dieser ist der konventionelle Vorläufer jeder computerunterstützten Zeichentrickproduktion und 3D-Animation.

Neben den vielfältigen technischen Finessen, die dieses Thema bietet, bleibt es nicht erspart, auch Negativaspekte bei der Darlegung dieses Themas zu erwähnen. Nicht nur das es bei der Ausbreitung eines neuen technischen Feldes auch zu Verzerrungen im Preis-Leistungsverhältnis kommen kann, dieses neue Feld dient abgesehen von der Spannbreite an Kreativität leider auch einer negativen Ausnutzung dieser neuen technischen Bearbeitungsform von Bild-, Video-, Film- und anderem Visuellen Material. Hierbei fällt das Stichwort Original und Fälschung oder Verfälschung von Bildmaterial.

2. HAUPTTEIL

a.) Der traditionelle Zeichentrickfilm

Viele themenspezifische Gesichtspunkte lassen sich finden, wenn man sich den Produktionsprozess eines traditionellen Zeichentrickfilms vor Augen führt:
Hier gibt es eine Vorbereitungsphase, in der grundlegende thematische, gestalterische und technische, sowie organisatorische Zielrichtungen abgesteckt werden.
  Grundlage einer Produktion ist zunächst einmal die Idee, die die Hauptfiguren, deren Tätigkeit und den Themenbereich festlegt. In einem Briefing werden kurz und bündig die wichtigsten Daten festgehalten, nach denen ein Regisseur den Handlungsrahmen ausarbeiten kann. Die wichtigsten Axiome dieser Stufe sind Arbeitstitel, Kommunikationsziel, inhaltliche Formulierung der Grundidee, Einordnung in ein Genre, Zielgruppe, Spieldauer und Produktionsart.
Im nächsten Schritt, der immer noch zur Vorbereitungsphasegezählt wird, werden **Expose**, **Treatment**, **Storyboard** und **Drehbuch** erstellt.
Ein Expose, eine zusammenfassende Übersicht, wird angefertigt, der Autor oder Produzent stellt hierbei die Filmhandlung in Form einer Erzählung kurz dar, Handlungsort, Darsteller und Handlungsablauf werden erkennbar.
Im Treatment wird das Handlungsgerüst des Exposes in einzelne Szenen aufgeteilt.
Im Storyboard werden dann die Schlüsselszenen des Handlungsablaufs visuell dargestellt, hinzu gehören auch Ton - Angaben, Regie - Anweisungen, Kamera - Angaben. Das Storyboard gilt als Rückgrat eines Zeichentrickfilms.
Für größere Produktionen wird ein Drehbuch angefertigt, dieses ist die aufwendigste und detaillierteste Stufe in der konzeptionellen Entwicklung. Es ist bereits in Sequenzen und Einstellungen unterteilt und enthält sämtliche Dialoge und Musikanweisungen.
Bevor die eigentliche Produktion beginnen kann, müssen aus den nun vorhandenen Materialien aus marktwirtschaftlichen Gesichtspunkten präzise Kalkulationen vorgenommen werden, um eine Finanzierbarkeit zu gewährleisten. Hierbei fallen Stichwörter wie Lizenzen, Transport, Versicherungen, Dialog-SprecherInnen.
Für größere Zeichentrick-Produktionen ist es üblich, ein Arbeitsbuch (**Work Book**) anzulegen. Der erste kreative oder zeichnerische Aspekt ist das Figurendesign. Es werden alle Charaktere entworfen, die im Trickfilm eine Rolle spielen sollen, hierbei findet eine Übertreibung einzelner Eigenschaften statt, Bewegungsvorgänge werden vereinfacht, Gemütsregungen werden sichtbar gemacht, menschliche Eigenschaften werden karikiert, es entstehen „Comic-Figuren".
  Als nächstes lernen diese „Comic-Figuren" laufen, indem ein Modell-Blatt oder **Model-Sheet** erstellt wird, jede Zeichentrick - Figur wird hierbei in einzelnen Posen dargestellt.
Jetzt kommt der Bereich Ton hinzu, oder besser gesagt, der später zu sprechende Text wird auf einen sogenannten Fahrplan übertragen, so dass ersichtlich ist, welcher gesprochene Buchstabe auf welches Einzelbild entfällt. Des Weiteren werden die Einspielungsmomente von Musik markiert.
Eine weitere Stufe zwischen Storyboard und der Animation ist das **Layout**. Layouts vereinfachen den Produktionsprozess, wenn besonders viele Zeichner an einem Filmprojekt arbeiten. Der Layouter zeichnet das Aufnahmeformat ein, mit dem ein Kameramann die einzelnen Einstellungen belichten muss, wenn die Unterlagen später in ihrem Endzustand auf dem konventionellen Filmtricktisch weiterbearbeitet werden.
Ferner zeichnet er Hintergrundskizzen, markiert Standorte für die Charaktere in den Bildausschnitten.

Die optimale Positionierung der Handelnden im Bild bezeichnet man als **"Staging"**. Damit ist im Wesentlichen der erste Produktionsschritt abgeschlossen.

Jetzt werden die bisher erstellten Arbeitsvorlagen einer Gründlichen Prüfung unterzogen, bevor die zeit- und kostenintensiven Produktionsschritte folgen.

In der nun folgenden zweiten Produktionsphase werden auf der Basis des Arbeitsbuches und sogenannter Tonauszählungslisten vom Regisseur Fahrpläne angefertigt. Diese enthalten Hinweise und Angaben zum **Timing** der einzelnen Sequenzen.

Die Fahrpläne liegen in Form von Listen vor, die in Einzelbilder unterteilt sind und in denen verschiedene Angaben über Ton, Handlung, Bildanzahl u.s.w. in Spalten vermerkt sind.

Wenn der Fahrplan erstellt ist, dann geht es an die Umsetzung der Animation. Hierbei müssen acht Produktionsstufen durchlaufen werden: Während der ersten Stufe, der Planung, wird das Layout noch einmal analysiert, die einzelnen Einstellungen werden vom Hauptphasenzeichner aufbereitet.

Als nächstes werden die Einstellungen in Zeichnungen zergliedert, die in Umrissen angefertigt werden. Diese nennen sich **"Thumbnails"** oder **"Scribbles"**.

In der dritten Produktionsstufe, „Flippen und Rolling" genannt, werden die Thumbnails nun noch einmal gezeichnet, jetzt allerdings auf gelochtem Papier als sogenannte **"Roughs"** (Skizzen). Diese kann man nun hintereinander abrollen lassen, genauso wie ein Daumenkino.

In dem nun folgenden **"Pose Test"** werden die Roughs in der geplanten Länge auf Film belichtet oder auf Video aufgezeichnet, vorproduzierter Ton wird provisorisch angelegt und Regisseur und Animateur entscheiden, ob das Timing und die Posen gut sind.

In der fünften Stufe geht es nun um die Hauptphasen, der Animator zeichnet diese nun ebenfalls als Roughs, das heißt, er gibt die Anfangs- und Endphase einer Bewegung für die Zwischenphasenzeichner vor.

Nun werden die **"Clean-Ups"** erstellt, die Roughs werden vom Hauptphasenzeichner an seinen Assistenten weitergegeben, der daran Reinzeichnungen anfertigt. Als nächster Schritt wird nun der Raum zwischen zwei verschiedenen Hauptphasen vom Assistenten oder Zwischenphasenzeichner mit Zwischenphasen ausgefüllt. Je komplexer die darzustellenden Bewegungen sind und je größer der Abstand zwischen den Hauptphasen ist, desto mehr ist der Zwischenphasenzeichner gefordert, es können eins, zwei, drei oder mehr Phasen eingefügt werden.

Als achte und letzte Umsetzungsstufe wird von der fertig gezeichneten Animation ein Line Test auf Video oder Film gemacht. Es gibt auch spezielle **Line-Test-Computer**. Das Material wird nun von einem anderen Medium getragen, das Film und Videomaterial kann nun entweder konventionell oder mit Hilfe eines solchen Computers weiterverarbeitet werden, indem einzelne Bildphasen hinzugefügt oder weggenommen werden.

In dieser zweiten Produktionsphase läuft parallel zur Herstellung der Animationssequenz die Erstellung von geeigneten Hintergründen. Hierbei gibt es zwei Produktionsstufen, die Konturierung, auch **"Inking"** genannt, und die Kolorierung (**Painting**). Bei der Konturierung werden die auf Papier gezeichneten Phasen entwedr manuell oder mit dem Photokopierer auf Celluloid übertragen.

Der **Art Director** oder der Regisseur hat auf dem **Model-Sheet** der jeweiligen Figuren Farbangaben vermerkt, nach denen die Kolorierungs-Abteilung sich richtet, wenn es ans Bemalen der konturierten Celluloid-Folien geht. Man benutzt hierfür opake (undurchsichtige) Acrylfarbe, die auf die Rückseiten der Folien aufgetragen wird. Es ist zu vermeiden, mehr als vier Phasen übereinander unter die Kamera zu legen, da sonst ein Farbsprung entsteht, der durch die leichten Grauwerte der einzelnen Folien entsteht.

Erst jetzt werden die kolorierten Phasen, Fahrplan, Layout und die Hintergründe an die **Kamera-Abteilung** weitergegeben. Hier gibt es zwei Typen von Tricktischen, nämlich die computergesteuerten, die durch die korrekte Eingabe von Fahrplandaten gesteuert werden.

Auf der anderen Seite gibt es hier die „konventionellen", durch Handkurbel gesteuerten Tische. Hierbei werden die Bildausschnitte, die sich auf dem Tisch befinden, von der Kamera, die sich an einem Stativ darüber befindet, anvisiert. Sie ist beweglich, kann hoch und runtergefahren werden, so dass auch ein **Fokussierungseffekt** entsteht. Andere Positionsveränderungen können durch vertikale und waagerechte Bewegungen des Tricktisches erreicht werden. Die Bildhintergründe werden mittels einer Lochschiene auf dem Kameratisch eingerichtet.

Jetzt kommt es zur letzten Phase des Fertigungsprozesses: Nach der Belichtung wird der Film in einem Kopierwerk entwickelt. Dann wird eine Positiv-Kopie als Arbeitskopie erstellt, an dieser findet dann Vertonung, Endbearbeitung, eventuelles Nachdrehen und nachträgliches Ändern statt. Das Auf-, Ab- und Überblenden wird dann Kopiertechnisch gelöst.

Jetzt weiß man, wie das Endprodukt aussehen wird. Der **Negativschnitt** findet dann anhand der fertig geschnittenen Arbeitskopie statt, aus der dann wiederum eine sogenannte lichtbestimmte **Positiv-Kopie**, auch Null-Kopie genannt, gezogen wird. Diese muss dann noch mit einer Magnetspur und einer Lichttonspur versehen werden, so dass man die vorführfertige Filmkopie erhält.

Um noch einmal auf die kreative Seite einer Zeichentrickproduktion einzugehen, es ist ja äußerst wichtig, die physikalischen Gesetzmäßigkeiten bei der Bewegung von Dingen und Lebewesen jeglicher Art und Natur, genau zu beachten. Diese Bewegungen gilt es ja zu abstrahieren, die technischen Möglichkeiten der Produktionsstudios sind hierbei mit einzubeziehen, um die Ergebnisse der bewegten Bilder möglichst real erscheinen zu lassen, dieses natürlich unter Einbeziehung eines gewissen **Comic-Effects** : jedes Objekt unterliegt ja unter anderem den Gesetzen der Schwerkraft und der Reibung. Faktoren für die Bewegung eines Objektes können äußere Einflüsse wie zum Beispiel Wind, Wellen, Hitze, Kälte, Kraft oder Druck sein. Ferner ist zu berücksichtigen, dass Körper aus flexiblem Material sich bei bestimmten Bewegungsabläufen bei unverändertem Volumen verformen. Der Zustand eines Körpers kann nur durch das Einwirken einer äußeren Kraft verlassen werden. Der Körper bewegt sich solange in die Richtung, in die er von der einwirkenden Kraft getrieben wird, bis eine andere Kraft ihn beeinflusst. Ehe eine Reaktion abläuft, muss die Trägheit überwunden werden. Des Weiteren ist auch die Analyse von Bewegungsvorgängen für die Entwicklung von verfeinerten und realistischen Animationen von großer Bedeutung. All diese Beobachtungen werden dann in verschiedene Arbeitstechniken übertragen, diese haben spezielle Bezeichnungen und konzentrieren sich auf diese Phänomene.

Eine Arbeitstechnik nennt sich **"Squash und Stretch"**, übersetzt „Zusammenpressen und Strecken". Es ist das wichtigste Animationsprinzip ist für die Darstellung von Gesichtsmimik oder die Bewegung von Muskeln von grundlegender Bedeutung. Wird in einer Tricksequenz ein Fußball gegen eine Wand geschossen, dann wird er an dieser zusammengepresst, bis er dann wieder abprallt, also sich weiterverformt. Solche Bewegungen lassen sich nahezu realitätsgetreu, was alleine die physikalischen Wirkungen betrifft, darstellen, allerdings auch ziemlich übertrieben, also richtig comic-mäßig. Wenn Donald Duck einen Schlag aufs Dach bekommt, dann verformt er sich auch ein wenig, allerdings so, dass es niemandem richtig weh tut. Gerade bei der Darstellung von Gesichtsmimik ist die Darstellung des Squash und Stretch-Effekts von großer Relevanz.

Die nächste Technik ist das Timing, hierbei geht es um die Geschwindigkeit oder den Zeitablauf einer Bewegung. Der Zuschauer muss einer Bewegung folgen können, dennoch trägt diese Bewegung eine Bedeutung, die für die Dramaturgie wichtig sein kann. Mit dem Timing wird versucht unter dem Gesichtspunkt der Dramaturgie einen möglichst großen Effekt zu erzielen.

Durch die Technik der **Antizipation** (Vorwegnahme) lenkt der Zeichner die Aufmerksamkeit des Zuschauers auf den richtigen Teil der Handlung, indem er die

Bewegungsabläufe vorzeitig andeutet. Zum einen hat dieses dramaturgische Ursachen, zum anderen soll so gewährleistet werden, dass der Zuschauer keinen wichtigen Handlungsbestandteil oder Gag übersieht.

Das nächste Element ist das **Staging** oder zu Deutsch die Inszenierung. Hierbei wird die Idee, die einer Szene zugrunde liegt, präsentiert, und das in Bezug auf Klarheit und Überzeugungsstärke. Zielsetzung ist die optimale Umsetzung der Bild- und Szenenidee.

Zwei traditionelle Wege, eine Zeichentricksequenz zu erstellen sind die sogenannten **"Straight Ahead Action"** und **"Pose-to-Pose"**. Bei der ersten Methode baut sich die Animation von Beginn einer Szene an Bild für Bild auf, Ideen, die bei der Herstellung der Phasen entstehen, werden unmittelbar mit eingeflochten. Mit dem Pose-to-Pose Verfahren arbeitet man bei inszenierten Szenen mit Layout und Hintergrund. Der Bewegungsablauf ist hier im Voraus geplant und festgelegt. Der Produktionsprozess sieht hierbei so aus, dass die Erstellung der Hauptphasen in Zusammenarbeit mit mehreren Personen, in mehreren Arbeitsschritten erfolgt.

Unter **"Follow Through"** wird die Beendigung eines Bewegungsvorganges verstanden. Ein Körper, der aus verschiedenen Teilen aufgebaut ist und eine Bewegung beendet, kommt unter natürlichen Bedingungen nicht abrupt zum Stillstand. Dieses darzustellen erfordert Fingerspitzengefühl. Ferner sollte der Zeichner die Bewegungen überlappen lassen. Dieses nennt sich dann **"Overlapping Action"**. Eine Aktion sollte nicht beendet werden, bevor nicht eine andere Handlung gestartet wurde. Dabei sollten sich beide Handlungen überlappen, um fließende Bewegung und größere Lebendigkeit zu erreichen. Ein Beispiel hierfür ist eine Szene, in der eine Figur, die einen Hut trägt, zu laufen beginnt, und der Hut noch für einen kurzen Augenblick in der Luft stehen bleibt, dann der Figur doch noch hinterher folgt.

Eine weitere Phase ist das **„Slow in/ Slow out"**. Dieses Prinzip besteht in einer besonderen Anordnung der Zwischenphasen zwischen der Anfangs- und Endphase einer Bewegung. Mit der Anzahl der Zwischenphasen kann der Rhythmus eines Bewegungsablaufes gesteuert werden.

Das Kurvenprinzip, bedingt durch anatomische Gegebenheiten, durch das ja Bewegungen von Körperteilen grundsätzlich kreisförmig beschrieben werden, wird in der Animation übersteigert und idealisiert dargestellt.

Mit dem Prinzip der Übertreibung (**Exaggeration**) existiert eine Technik, die zu Walt-Disneys Devise avancierte: ist ein Charakter traurig oder freundlich, so ist er noch trauriger und noch freundlicher darzustellen.

Sekundäre Handlungen sind schließlich all die Bewegungsabläufe, die die primäre Bewegung unterstützen und realistischer erscheinen lassen, wie zum Beispiel die Bewegung von Haaren oder Ohren bei Zeichentrickhunden während sie rennen.

b.) Die Produktionsstufen eines computerunterstützten Zeichentrickfilms

Diese Produktionsart unterscheidet sich kaum von der traditionellen Produktion. Jetzt findet die Darstellung von Bewegungssequenzen in Echtzeit statt, es entfallen also die Stufen **Flippen und Rolling** sowie die Aufzeichnung solcher Sequenzen auf Video oder deren Belichtung auf Film, um einen **Line-Test** durchzuführen. Steht das Figurendesign fest, können die Hauptphasen entweder durch Graphik-Software generiert werden oder traditionell auf Papier gezeichnet werden. Die auf Papier aufgearbeiteten Zeichnungen werden durch Pen und **Digitalizer-Tablett** eingegeben, oder per Frame Grab digitalisiert oder mit einem hochauflösenden Scanner. Die vorgegebene Anzahl der Zwischenphasen (**Inbetweens**) zwischen Anfangs- und Endphase einer Bewegung wird per **Interpolationsprogramm** vom Computer selbständig gezeichnet. Die Phasen einer Bewegungssequenz liegen dann als sogenannte Liniengraphiken vor, die automatisch durchnummeriert werden, man kann so auf jedes **Phasenbild** später direkt zurückgreifen, sie sind im Bildspeicher abgelegt. Durch Einfügen oder Wegnehmen von einzelnen Phasenbildern innerhalb einer Bewegungssequenz können die Bewegung sowie die Ablaufgeschwindigkeit korrigiert werden. Der Prozess des traditionellen Konturierens entfällt auch, die Figuren werden auch automatisch ausgemalt, die Farben werden dem Rechner vorgegeben, die folgenden Bilder einer Sequenz werden daraufhin programmgesteuert koloriert. Die Farbtöne werden elektronisch erzeugt und gespeichert. Hintergründe können eingescannt oder direkt mit der Software erzeugt werden. Der fertige Hintergrund wird separat abgespeichert. Die **Layer-Technik**, nämlich die schichtweise Zusammensetzung des Phasenbildes, wird auch vom computerunterstützten Zeichentrick angewandt. Der besondere Vorteil der digitalen Technik liegt in der Veränderung von Lichtverhältnissen: Vorhandener Hintergrund wird einfach kopiert, vorhandene Farben können in wenigen Sekunden in ihrer Helligkeit verändert werden.

Um die Zeichentrick-Produktion vorführen zu können, müssen die Phasen einzelbildweise mit geeignetem **Video-Equipment** (U-matic Highband SP, Betacam SP oder 1"MAZ) aufgezeichnet oder auf Filmmaterial (16-mm, 35-mm oder 70-mm Cinefilm) belichtet werden. Ein Vorteil dieser Vorgehensweise besteht besonders in der Korrektur einzelner Bilder, hier wird das digital gesteuerte Aufzeichnungsverfahren eingesetzt, korrigierte Bilder können so sofort an die betreffende Stelle gesetzt werden.

Ton und Bilder können bei der computerunterstützten Produktion auch sehr viel besser aufeinander abgestimmt werden. Voranfertigungen für den genauen Fahrplan für den Ton (Stimme, Musik, Effektgeräusche), die von einer vorangefertigten Tonspur in Zeittabellen mit "**Timecode**" eingelesen werden, werden als "**Soundreading**" bezeichnet. Der Timecode bewirkt hierbei eine völlige Übereinstimmung der Audio- und Videospuren. Beide Spuren oder besser Sequenzen, jeweils digitalisiert abgespeichert, können durch eben diesen Timecode parallel, oder besser ausgedrückt, gleichzeitig abgerufen werden, die visuellen und auditiven Informationen werden somit im Takt gegeben.

c) Die dreidimensionale Computer-Animation , abgekürzt CA

Die Grundelemente für die Beschreibung von Bewegung sind Zeit, Standort und Geschwindigkeit.
Innerhalb der Computer-Animation unterscheidet man drei Arten der Bewegung: die Eigenbewegung von Objekten, die Bewegung durch Kamerafahrten und Schwenks und schließlich die Bewegungen durch Schnittmontage.
Will man physikalisch genaue Bewegungsabläufe simulieren, benötigt man Animationsprogramme, die auf wissenschaftlicher Basis arbeiten. Man unterscheidet zwischen Echtzeit-Wiedergabe und Echtzeit-Berechnung.
Echtzeit-Vorführungen, bei denen die Bewegungsgeschwindigkeit mit der des Endproduktes übereinstimmen, bezeichnet man als Echtzeit-Wiedergabe.

Unter Echtzeit- (auch Realzeit- oder **Real Time**-) Berechnung versteht man die extrem schnelle Berechnung von Daten und Einflussgrößen, die es gestatten, Probleme im Augenblick ihrer Entstehung zu lösen und Prozesse zu steuern. Verarbeitung von Daten wird simultan zur Dateneingabe durchgeführt. Der **Cursor** (Zeiger) auf dem Bildschirm eines Computerprogramms wird zum Beispiel in Echtzeit gesteuert.

Es gibt nun verschiedene Animationstechniken. Das sind Methoden, die es ermöglichen, Bewegungssequenzen zu generieren, die in ihrem Ablauf frei definiert werden können. Sie können sich genauestens an natürlichen Bewegungsabläufen orientieren, wirken gestalterisch, auch wenn sie gänzlich auf ein physikalisches Bewegungsmodell verzichten.

Die erste dieser Techniken nennt sich **3D-Keyframe-Animation**: Der Animation Designer positioniert die Anfangsphase eines 3D-Objektes oder Charakters an einer beliebigen Stelle auf dem Bildschirm und gibt diese dem Programm vor. Ebenso wird die Endphase einer Bewegung vorgegeben. Der **Animation-Designer** bestimmt als nächstes die Geschwindigkeit des Bewegungsablaufes, indem er die Anzahl und Position der Zwischenphasen (Inbetweens) definiert. Durch ein Interpolationsprogramm werden die einzelnen Zwischenstufen automatisch berechnet

Eine weitere gestaltungsorientierte Animationstechnik ist die parameterorientierte Animation. Eine **parametergesteuerte Interpolation** von vorgegebenen Hauptphasen ermöglicht die Veränderung der Objekt-Geometrie, der Position im Raum, der Farbe und der Oberflächenbeschaffenheit sowie der Texturen und Lichtquellen. Dazu gehören unter anderem auch sogenannte **Metamorphosen**, beispielsweise lässt sich ein Apfel so in eine Birne, eine Vase in einen Krug verformen.

Die nächste Technik ist die Programmierung **prozedualer Animation**. Dieses ist die eigenständige Programmierung von Abläufen oder Effekten, die nicht mit der vorhandenen Software generiert werden können. Unkorrektheiten in der Bewegung werden erst sichtbar, nachdem das Programm fertig ist. Dieses ist deshalb eine sehr arbeitsintensive Methode.

Bei der skriptorientierten Animation bauen verschiedene Stufen in einem Skript aufeinander auf und bilden zusammen die technische Beschreibung des Bildes bzw. der Animationssequenz.

Die Struktur von Skripten ist in Rubriken mit entsprechenden Paragraphen hierarchisch aufgebaut, ist damit ziemlich programmähnlich.

Neben den gestaltungsorientierten Animationstechniken gibt es noch einen zweiten Bereich von Animationstechniken, das sind die wissenschaftlich orientierten Animationstechniken. Hier sind nun Zwei Techniken von Bedeutung: zum einen die Animationstechnik Dynamik oder auch englisch **"Dynamics"** und zum anderen die Animationstechnik Vielteilchen-Systeme oder englisch **"Particle Systems"**. Bei diesen Techniken handelt es sich um Generierungsverfahren von Bewegungssequenzen, die auf Basis von physikalischen Gegebenheiten arbeiten. Synthetische Körper bewegen sich dabei gemäß einem physikalischen Regelsystem, das auf den Gesetzmäßigkeiten der Mechanik aufbaut, die Mechanik als die Wissenschaft vom Gleichgewicht (Statik) und von der Bewegung der Körper unter dem Einfluss von Kräften (Dynamik).

Die Animationstechnik Dynamik (Dynamics) berücksichtigt als Teilbereich der Mechanik neben den Kräften, die auf einen Körper einwirken auch die Masse und innere Beschaffenheit des Körpers. Dieses Gebiet der Physik setzt sich aus der Kinematik und Kinetik zusammen. Die Umsetzung und Anwendung der kinematischen Gesetze in der Computer-Animation bezeichnet man als **inverse Kinematik**.

Diese Gesetzmäßigkeiten kommen zum Beispiel zum Tragen bei der Bewegung eines Körperteils in Abhängigkeit vom Hauptkörper. Die Technik der inversen Kinematik kommt aus dem Bereich der Robotik und ist für die synthetische Bewegung von natürlichen Körpern wie von Menschen und Tieren unabdingbare Voraussetzung. Die Kinetik ist ja die Lehre von den Bewegungen unter Einfluss innerer und äußerer Kräfte, wie Flächenreibung, Luftwiderstand und Gravitation (Schwer- bzw. Erdanziehungskraft). Unter Berücksichtigung dieser Naturgesetze kann der Animation Designer realistische Bewegungen definieren und programmgesteuert generieren, wie etwa bei der Darstellung von wehenden Flaggen und fallenden Stoffen.

Unter Dynamik fallen auch die kinetisch orientierten Programme, hier werden Anfangsposition und -geschwindigkeit einer Bewegung vorgegeben. Das Programm berechnet aus den Kräften die Beschleunigung (**Acceleration**) und daraus die Geschwindigkeit (**Velocity**) und die Position. Es werden neben der Masse des Objektes auch Reibung und Luftwiderstand berücksichtigt.

Die Dynamik ist momentan die beste Methode, realistische Bewegungsabläufe zu simulieren, wenn kein dramaturgischer Grund vorliegt, diese mit der Methode der **Keyframe-Animation** zu animieren.

Die nächste wissenschaftlich orientierte Animationstechnik basiert auf den Vielteilchen-Systemen oder Particle Systems.

Der Einsatz dieser Systeme für Beispielsweise die simulierte Darstellung von Feuersbrünsten, Schneeflocken, Funken, Explosionen und Rauch ist eine logische Weiterentwicklung der kleinen **Pixelwolken**, die bei Video- und Computerspielen Explosionen simulieren. Bei der Programmgestaltung kommen vor allem die Gesetzmäßigkeiten der Strömungsmechanik zum tragen.

Der nächste wichtige Bereich der wissenschaftlich orientierten Animationstechnik ist die **KI-orientierte Animation**. KI oder künstliche Intelligenz ist ein Forschungsgebiet der Informatik. Man unterscheidet in zielgerichtete Animationsprogramme und verhaltensbedingte Animation. Bei der zielgerichteten Animation oder auch **"Goal Directed Animation"** kann der Animation Designer mit Hilfe von Stichworten Objekten oder Charakteren Bewegungsziele vorgeben. Um dieses Ziel zu erreichen, berücksichtigen „intelligente" Logik Programme die Eigenschaften des zu bewegenden Objektes sowie die Bedingungen des Umfelds, in dem es sich bewegt. Der Animation Designer gestaltet und schreibt sich auf diese Weise sein eigenes Skript, das dem Rechner für jedes Einzelbild als Vorlage dient.

Bei der Verhaltensbedingten Animation oder auch **"Behaviorial Animation"** werden Bewegungsabläufe unter Berücksichtigung des natürlichen Bewegungsverhaltens festgelegt. Die Verhaltensbedingte Bewegung von einzelnen Lebewesen in Schwärmen, wie von Vögeln und Fischen, kann nur mit Hilfe spezieller Programme aus dem KI-Bereich simuliert werden.

Gerade in jüngster Zeit lassen neueste Entwicklungen in der Computerszene eine Vielzahl von hochinteressanten und äußerst detaillierten Animationen zu. Die realistische Bewegung komplexer zusammengesetzter Körper ist nach wie vor eines der Hauptprobleme in der Computer-Animation.

Für die Modellierung und Generierung realistischer Bewegungsabläufe von natürlichen Körpern müssen ausgiebige Anatomie- und Bewegungsstudien durchgeführt werden. Räumliche Körper-Koordinaten können zum Beispiel mit 3D-Digitizer oder 3D-Laser-Scanner von einem künstlichen oder lebenden Modell abgetastet werden.

Bei der Körper-Animation oder **"Body-Animation"** sind Studien von Bewegungsabläufen wie etwa Fotos, Filmaufnahmen, Zeichnungen und dergleichen brauchbar. Ein Computermodell erhält so Anhaltspunkte für die Bewegung entsprechend der Möglichkeiten des Originals.

Für komplexe Körper-Animationen sind die parameter-orientierte Animation und die Dynamik-Animationstechnik bevorzugt eingesetzte Generierungsverfahren. Trotz einer nahezu perfekten Animation von künstlichen Menschen bleibt immer noch eine gewisse Distanz zum Realismus.

Selbst eine Technik, die Daten verwertet, die ein Live-Modell dem Rechner liefert, weist immer noch eine deutliche Diskrepanz zwischen dem echten und dem synthetischen Menschen auf : Bei dem sogenannten "**Rotoscoping**" wird ein Live-Modell mit Messpunkten beklebt und von synchronlaufenden Kameras aufgenommen. Ein vom Computer generiertes Modell wird an die Positionen der Kontrollpunkte des Live-Modells angepasst. Die so festgelegten Keyframes einer Bewegungssequenz werden abgespeichert.

Es besteht auch die Möglichkeit einer direkten Bewegungsübertragung mit Hilfe eines Ganzkörper-Anzugs, dem "**Data-Suit**". So können die Bewegungen eines Live-Akteurs auch direkt auf einen synthetischen Darsteller programmgesteuert übertragen werden.

Mittlerweile gibt es auch ganze Körper-Dateien. In diesen Körper-Datenbanken auf Mietbasis gibt es alle wohlgeformten und bewegungsfähigen Teile eines menschlichen Körpers, auch Gesichtsmasken, zuvor als Gips geformt und dann digitalisiert, können bei Bedarf von CA-Studios für Werbespots oder sonstige CA-Filme gemietet werden.

Eine weitere große Herausforderung stellt die Gesichts-Animation oder "**Facial Animation**" dar. Hierbei muss zunächst erstmal ein künstlicher Kopf oder eine Gesichtsmaske modelliert werden. Man kann dafür auch einen Lebensgroßen Gipskopf nehmen, der mit einem polygonalem Netz bestehend aus vielen unterschiedlich großen drei- und viereckigen Flächen, überzogen wird. Dann werden die räumlichen Eckpunkte der einzelnen Flächen per Hand mit dem elektronischen Stift eines 3D-Digitizers Punkt für Punkt digitalisiert. Als Endergebnis erhält man ein dreidimensionales Drahtmodell, das als Ausgangsbasis für die Animation dient.

Noch moderner ist das automatische Digitalisieren per 3D-Laser-Scanner. Die Vielzahl der eingescannten Koordinaten wird von einem Programm in ein polygonales Netz umgerechnet und die Gesichtsmimik kann dann durch die Verzerrung des polygonalen Netzes erzeugt werden.

Bei der **Keyframe Methode** verschiebt man dann bestimmte Eckpunkte, wobei Ausgangs- und Endpunkt der Verschiebung festgelegt werden. Ein Programm interpoliert dann die notwendigen Zwischenschritte, letztendlich verhält sich die Gesichtsoberfläche ähnlich wie ein dehnbares Tuch.

Gesichtsmimik kann jedoch auch durch die parameterorientierte Animationstechnik erzeugt und kontrolliert werden: nachdem grundsätzliche Strukturmerkmale von Gesichtern definiert wurden, kann der Animator über Kurvendiagramme einen Bewegungsablauf exakt definieren, den das Programm entsprechend umsetzt. Die Entwicklung auf diesem Gebiet ist mittlerweile so weit fortgeschritten, dass Gesichtsanimation in Realzeit möglich ist, jedoch sind dabei noch zu wenig Parameter vorgegeben, die den Funktionsablauf begrenzen. Ziel von Forschungsprojekten ist es, eines Tages ein synthetisches Gesicht über eine Tastatur steuern zu können.

Auch das Echtzeit Sprechen (**Realtime Talking**), semiautomatische Gesichtsmimik und synthetische Darsteller bleiben zukünftige Ziele der interaktiven Charakter Animation.

3. SCHLUßBETRACHTUNG

Zeichentrick vs. Computeranimation - Wirklich schon ein Umbruch ?

Die vielen Aspekte der Zeichentrickproduktion lassen sich auch bei der Produktion, die vor einem Rechner stattfindet, der 3D-Animation, wiederfinden. Man muss bedenken, dass der gesamte Produktionsablauf bei der 3D-Animation ja ein völlig neuer ist, da das Medium Computer jetzt die Oberhand gewinnt. Viele Handlungen, sowohl was Organisatorisches und Zeichnerisches betrifft, werden jetzt schlicht zusammen gefasst und vereinfacht.
Dennoch kommt es auf die Größe der Produktion an, da die Filmbranche ein nicht zu unterschätzender Wirtschaftszweig ist, unterliegen auch hier die Neuerungen den Kräften der Marktwirtschaft. Es ist vorstellbar, dass die neue Computertechnologie auch als Jobkiller fungieren kann, gerade wenn es um größere Produktionen geht, an denen eine größere Anzahl von Zeichnern und Produktionsteams beteiligt sind. Das ganze Spektrum der Werbeproduktion macht wohl einen Umbruch durch. Allerdings ist die Technik nur bedingt so weit ausgereift, dass man diese Behauptungen uneingeschränkt verwirklicht sehen kann.
Computer- und Softwarefirmen entstehen und bedienen diesen Markt natürlich nur nach Gewinnkalkül, so dass bestimmt teilweise die konventionelle Methode noch die effektivere sein kann.
Dennoch, ein Umbruch findet statt, was nicht zuletzt die zahlreichen Artikel in den Computer- und Video-Fachzeitschriften zu diesem Themenbereich belegen.
Der Markt bietet eine Reihe von Programmen mit teilweise interessanten Funktionen. Auch hier existieren modulare Programmkonzepte. Es gibt Beispieldateien, Kataloge und Alben für Texte, Bilder und Videoclips, **Modellbibliotheken**, **Morphing Module** für Spezialeffekte, **Materialeditoren**, **Audio-Editoren** als quasi-Tonstudios, Tondateien für spezielle Soundeffekte.
Zu interessanten neueren Produkten der unteren Peisklasse, etwa 200 bis 700 DM gehören hier beispielsweise V3d (Cybermotion), Reflections 3.0, Hash's 3D Animation, Reali Motion, 3D World und Mediastudio. Nach oben hin scheinen preismäßig keine Grenzen gesetzt zu sein. Als großes Problem besteht zumeist die Inkompatibilität der einzelnen Module, Dateien, Kataloge und Alben der verschiedenen Programme untereinander.
Hat ein Programm beispielsweise eine nicht Windows konforme Oberfläche, so lassen sich Dateien, die für Windows abgespeichert oder produziert sind nicht so ohne weiteres importieren, wie das auch im Bereich der Textverarbeitung und anderen Massenprogrammen der Fall ist.
Die Computerfachpresse sagt, dass gute Software sich vor allem durch komfortable Konstruktions- und Animationswerkzeuge auszeichnet (ct 1996/ Heft 5). Stichworte sind hier **Extrusions- und Rotationseditoren, Spacetime-Editor, Action-Editor, Bewegungseditor, Previews**, dreidimensionaler **Geometrieeditor**, Editoren für **prozedurale Texturen** und ein **Szeneneditor**, neben einer weiten Palette an anderen Funktionen. Sie stellen zumeist den Versuch dar, die hochkomplizierten Realisationen, die an den Universitäten erprobt werden, vereinfacht, aber auch kostengünstig wiederzugeben. Gerade die Funktion der inversen Kinematik ist hier zu nennen, da, anders als bei der comic-mäßigen Abstraktion hier die Gesetzmäßigkeiten der Physik aufs Genaueste eingehalten werden müssen. Die Softwareproduzenten versuchen sich an das, was die Forschung hier vorgibt, kostengünstig anzunähern.
Die Produktionskosten für Animationsfilme sind immer noch im Steigen begriffen. Produktionsstudios bieten teilweise eine Mischform aus Computernutzung und traditioneller Produktion an.

Hinzu kommt die Möglichkeit der Produktion oder Teilproduktion in den Billiglohnländern, so dass Produktionsstudios teilweise verschiedene Möglichkeiten gegeben sind, Vorhaben und Aufträge zu realisieren, ohne die vom Markt bestimmten Preis-Leistungs-Kategorien zu sprengen.

Abschließend kommen wir nicht umhin, auf das Thema Manipulation oder Verfälschung von Bildmaterial einzugehen. Dieses ist nicht zuletzt aus dem Grund ein heikles Thema, da hier vieles rechtlich noch nicht geklärt zu sein scheint. Ein moderner Staat ist immer auch ein Überwachungsstaat, was die Video-Überwachung auf S- und U-Bahnhöfen, in Geschäften und auf Firmengeländen etc. belegen. Zwar darf auf diese Art und Weise gewonnenes Material nicht vor Gericht als Beweismittel verwendet werden, aber dennoch weiß niemand, was mit dem Material alles geschehen darf. Dem Voyeurismus sind keine Grenzen gesetzt. Hier drängt sich auch das Stichwort Orwellscher Überwachungsstaat auf. Neben der Kundenüberwachung, die an Nötigung grenzt, findet wohl auch die größte Perversion der Mitarbeiterüberwachung statt, und dieses um innerbetrieblich Produktionszahlen aufrechtzuerhalten. Der Staat spricht sich dagegen bisher nicht eindeutig aus.

Ebenso kritisch ist zu sehen, dass es mit diesen neuen Bildbearbeitungstechniken immer einfacher wird, Video- und anderes Bildmaterial zu verfälschen. Dieses geschieht dann wohl nicht nur aus Satirezwecken.

Dieses Verfälschen ist der Zensur ähnlich, nur das hierbei die Bilder dennoch gezeigt werden -bloß verfälscht, was sich ebenso verbietet.

Es werden in einem autoritären Staat Unmengen von personenbezogenen Daten erstellt und gespeichert. Dazu gehört auch Bildmaterial jeglicher Couleur. Die Möglichkeit der uneingeschränkten Datenmanipulation entsteht dabei als Schlagwort, das diese Datenspeichern und Archiven eine noch kritischere Existenz zuschreibt.

LITERATURLISTE :

- Film & TV Kameramann , 44.Jahrgang, Nr. 6/95
- Professional Production Mai 1993
- c't 1996, Heft 5, Gehversuche, Siegfried Grahler
- Videofilmen 4/95, Ein Programm voller Überraschungen, Wilfried Strauß
- Wiilim, Bernd : Leitfaden der Computer Graphik, Drei-R-Verlag. Berlin 1989